HENRY BOUCHÉ

Djenânn Caïd el Bab

Dis manibus!

PARIS

E. GIRARD & A. BOITTE, ÉDITEURS

42, RUE DE L'ÉCHIQUIER, 42

1891

HENRY BOUCHÉ

Djenâm Caïd el Bab

Dis manibus!

PARIS

E. GIRARD & A. BOITTE, ÉDITEURS

42, RUE DE L'ÉCHIQUIER, 42

—

1891

Il a été tiré 180 exemplaires de cette plaquette sur papier de Hollande.

Imprimerie PAUL SCHMIDT, 5, avenue Verdier, Grand-Montrouge (Seine).

A MON AMI Charles ARNOULD

Henry BOUCHÉ

Djenânn Caïd el Bab

Quand j'arrivai en Algérie, je ne savais de l'Afrique et de l'Islam que ce qu'en sait tout le monde : beaucoup de choses incohérentes, clinquantes, ne me disant rien à l'esprit ou au cœur.

J'avais, contre l'Orient peint et décrit *de chic,* une prévention invincible et je ne voulais pas admettre le pays des croyants tel que l'art conventionnel le sert à la foule, étincelant et féérique, mais sans âme.

Et puis, je connaissais cette sorte de déception éprouvée déjà, lorsqu'en débarquant je m'étais trouvé en présence d'un climat ou d'un peuple autre que ce que j'avais rêvé.....

Un charme inconnu, que je n'essayais pas de définir, devait régner sur tout ce que je verrais, et j'allais de confiance.

C'était à la fin du printemps, à l'époque où les résidents d'hiver sont déjà revenus en France et laissent vides les maisons de campagne. La mer était absolument calme, cette après midi là, et de ce bleu étonnant particulier à la Méditerranée, le bleu tendre, un peu mat de certains bijoux très anciens en lapis-lazuli, le ciel couvert, mais sans nuages, comme si un sable fin eut été mêlé à l'air, au dessus de nos têtes.

Au Sud, devant nous, entre l'eau et ce voile ténu inexplicable une trouée claire sur le pays nouveau.

Les Algériens, qui étaient sur le même bateau que moi, souffraient de la chaleur alors qué nous la supportions très bien, sans comprendre leur malaise; ce devait être une chaleur spéciale, qui tue à la longue. Ils nous annonçaient le Siroco, disant que ce rideau tendu sous le ciel était fait de la poussière du Sahara.

On découvrit de bonne heure vers l'Est, une ligne de terrains accidentés, la Kabylie; en approchant, et tandis que la chaleur augmentait, on vit, plus haut que ces terrains, quelque chose briller peu à peu jusqu'à devenir étincelant, la neige bien imprévue des monts Djurjura. Puis, les côtes se dessinant avec plus de netteté, un triangle blanc se découpa sur un groupe de collines basses en face de nous, et ce qui, d'abord, ressemblait vaguement à une carrière de pierres de taille, devint une ville que les gens du pays regardaient avec émotion. Alger la Blanche!

Alors, comme le soleil descendait sur l'horizon et que la voûte du ciel s'assombrissait, formant un cadre opaque autour d'Alger, la surface polie de la mer prit une teinte cuivrée brillante, éclairant tout. Nous avions perdu la notion du mouvement du bateau, sur cette eau sans rides et dans ce paysage immobile, et, comme nous approchions du rivage sans nous en rendre compte, nous fûmes surpris et presque effrayés de voir la ville tout à coup grandie démesurément dans une lumière indéfinissable faite de reflets métalliques.

Au dessus d'une ligne mince de maisons Européennes bordant les quais, s'entassaient, au hasard, de gros cubes blanchâtres, entre lesquels il était impossible de distinguer un alignement ou une rue; c'était la ville arabe, qui, maintenant, nous envoyait jusqu'au port une odeur bizarre d'épices inconnues et aussi de chaleur humaine.

Puis les blocs devinrent énormes, semblèrent se dresser au dessus des maisons françaises, les menacer de leur chute. Nous ne pouvions nous défendre d'une impression pénible, appréhension d'écrasement analogue à ce qu'on ressent dans certains cauchemars qui épouvantent.

Notre attention était tellement absorbée par ce spectacle que nous ne pensions pas à regarder, à notre gauche, sur les collines, une autre Alger verdoyante, la cité des gens riches pareille à une oasis semée de villas aux formes de mosquées.

Une fois à terre, ce qui me surprit ce fut la foule innombrable des arabes déguenillés et la façon dont ils se mêlaient partout à notre existence, sans salamalecs ni démonstrations de haine, sans non plus, avoir l'air d'être des nôtres, en gens qui accueillent naturellement des étrangers qui paient bien. — Je me sentais très loin de France.

Dès le premier soir, je voulus essayer de deviner quelque chose de leur vie à eux, mais quand j'eus passé des heures dans les rues en escaliers de leur ville, je redescendis n'ayant rien vu que la même foule d'hommes surveillant quelques femmes enveloppées de voiles, des murs blancs se refermant au dessus de nos têtes et de lourdes portes cachant le reste aux chrétiens.

Quelques unes de ces demeures seulement s'ouvraient à eux, mais les femmes qui les y reçoivent et s'y vendent, leur restent aussi étrangères que celles qui passent voilées dans la rue. Elles livrent pour un instant leur forme parfaite et se gardent tout entières, malgré les promesses des yeux, dissimulant avec soin leur âme derrière un sourire amer de sphynx.

Je rentrai plein d'ennui, en proie à la mélancolie spéciale qui résulte de *l'isolement*.

Mais, dès ce jour, j'étais pris pour l'Algérie et l'Islam de cet amour jaloux, inquiet, un peu torturant qu'on éprouve pour ce qui est inaccessible, et je compris que l'attrait de cette patrie étrange provient d'un profond mystère et du désir, sans espoir, de le pénétrer.

Je devais avant toute chose, en arrivant, accomplir un pèlerinage.

Depuis des années, j'entendais parler d'une femme distinguée entre les autres, une de ces femmes que n'atteint aucune médisance et que des amitiés sincères rendent plus sacrées. Je connaissais aussi de réputation sa beauté toujours croissante, beauté qui ne se transformait avec l'âge que pour s'affiner et devenir plus immatérielle, parce qu'il était juste qu'elle ne fût pas soumise aux lois ordinaires.

Des gens que j'aime avaient dû me présenter à Madame X... et je considérais cette promesse avec l'émotion d'un prosélyte qui va être admis au culte. Mais des hasards de circonstances et de voyages avaient longtemps retardé la réalisation de leur projet. Du reste nous étions voisins en France, et je devais nécessairement la rencontrer un jour.

Puis, brusquement, on m'avait dit d'elle que je ne savais pas malade : « Elle est bien mal, si mal qu'elle va retourner dans sa patrie d'adoption l'Algérie, pour essayer d'y vivre un peu, ou, tout au moins, pour y mourir chez elle, dans un coin perdu qu'elle a découvert et dont elle a fait sa chose. Il vous faut la voir, ne fut-ce qu'une fois ! »

Pour cela on m'avait conduit jusqu'à une petite station de chemin de fer, et le train qui l'emportait là-bas s'y arrêtant, j'avais entrevu, au fond d'un compartiment de luxe, une forme amaigrie de femme étendue sur des coussins, et, sous l'ombre des rideaux bleus, une figure diaphane et des yeux très grands.

Il me sembla que l'expression, bien que souriante, du visage, avait quelque chose de sévère. Cela provenait d'un effort intérieur, d'une résistance de la volonté contre les tortures du mal.

Je vis à peine, n'osant rien dire, me trouvant indiscret d'avoir accepté cette présentation au seuil de la mort.

Enfin elle avait eu le temps d'aller s'éteindre chez elle, doucement, sans lutte finale, et maintenant je voulais voir l'endroit choisi où s'étaient passées les années recueillies de son existence, m'arrêter aussi auprès de sa tombe au nom de ceux de France qui l'avaient aimée.

Deux chevaux attelés à une petite voiture comme on en voit dans toutes les villes d'eaux vous emportent d'un trot enragé, et la route court devant les yeux un peu comme une suite de tableaux dans un musée qu'on traverse trop vite.

D'abord une rampe large faisant face à la mer et grimpant en lacets dans la verdure, tandis que la Méditerranée suit l'œil et remonte à l'horizon, dans le décor, par dessus tout. Des villas mauresques au milieu des fleurs, pour les gens riches ; un palais merveilleux entouré de palmiers, pour le gouverneur ; çà et là un hôtel monstre ou une église pour les Anglais.

Toujours, partout, la même foule grouillante et presque silencieuse de gens drapés, allant et venant sans qu'on sache pourquoi, continuant au milieu de notre luxe moderne une existence d'autrefois que nous ne comprenons plus et qui, sans doute, nous survivra sans qu'eux nous aient compris.

Ensuite, mais sans que l'œil cesse d'être distrait par ce va et vient de burnous et de guenilles solennelles, on quitte décidément la ville, et la route, accrochée à mi-côte, suit un couloir entre des collines qui masquent l'horizon. Des maisons isolées, des terrains rouge brique, des vignes comme en France, des pins au feuillage étalé formant de larges ombres, et, parfois des bouffées d'un parfum résineux spécial, celui des eucalyptus.

On traverse dans un bas fond un groupe de petites fermes et de guinguettes massées autour d'un puits monumental, encore une côte à gravir, autant à redescendre, toujours à la même allure et on entre dans un village européen. Après avoir tourné court, les chevaux s'arrêtent devant une grille de fer.

« C'est ici me dit le cocher, mais, ajoute-t-il plus bas, monsieur sait que *la dame* n'y est plus. » Et dans la façon dont ce cocher quelconque d'Alger dit *la dame* il y a encore un hommage.

Un enfant nous a ouvert la porte et les chevaux ont repris le trot dans la propriété. Cela s'appelait autrefois, au temps de la domination turque, le jardin du Caïd et c'est devenu un véritable parc qui a conservé le même nom. Un parc immense avec des vignes, des orangeries, des bois touffus où domine le vert sombre des anciens paysagistes, mais sans eau qui donne une lumière autre que la lumière crue du firmament. Comme on se trouve enfermé dans les contours d'un vallon sans issue l'impression générale est d'une mélancolie grave.

On aperçoit d'abord l'ensemble, sous les branches basses d'une allée de muriers ; puis, dès qu'on est sorti de l'ombre épaisse, on découvre la maison. Elle est entourée d'arbres de toutes essences ; quelques pins centenaires dominent les terrasses de leurs flèches selon l'usage.

De temps immémorial des marabouts connaissant des secrets ont dû enseigner que cela préserve de la foudre.

— Il avait les larmes aux yeux le vieux serviteur qui me fit les honneurs du logis en l'absence du maître, le fils, reparti pour la France depuis quelques jours.

C'est une vieille maison arabe dont on a du mal à gagner l'entrée; il faut monter une rampe et tourner dans une cour, avant de trouver la porte, où aboutit un escalier aux dalles d'ardoises apportées en Afrique, par on ne sait quelle sorte de bateau, il y a très longtemps.

Pas de rez-de-chaussée autre qu'une pièce voutée s'ouvrant à côté de cette porte principale et qui devait être la chambre des hôtes.

A la hauteur d'un premier on débouche sur une cour intérieure toute petite, où pousse lentement sous le soleil un palmier nain que Madame X... y a fait transporter. La cour est entourée d'un préau dont les ogives mauresques surplombent des colonnes contournées.

Les murs sont blancs avec des ornements de faïence, mais, sous les arcades, l'ombre est exagérée par la lumière du carré central et des marteaux de cuivre brillent sur les portes sculptées des appartements dans une demi nuit bleuâtre.

Tout-à-coup on se croit très loin; très loin surtout dans le temps, à une époque mystérieuse où tout cela, qui n'a pas vieilli, venait d'être fait pour le premier maître, le Caïd légendaire dont on a la crainte d'évoquer le spectre en violant la demeure.

Sans doute Madame X... avait le respect profond des choses finies et il semble qu'elle ait mis tous ses soins à conjurer la colère des morts.

Dans les chambres, dont elle a conservé l'aspect et qui sont, suivant l'habitude ancienne, blanchies à la chaux, les plafonds sont encore des planches soutenues par des poutrelles de tuya, à peine équarries.

Parfois seulement elle a fait égayer la nudité des murs par des lambris de vieilles faïences, choisies parmi celles qui existaient au premier âge de l'art musulman, afin de contenter son goût à elle sans offenser le goût d'autrefois.

Il fallait des meubles à une française élégante, et le confort auquel elle était accoutumée; ce qu'elle a fait venir d'indispensable à notre genre d'existence est discret; rien n'y rappelle la mode, le tapissier, l'appartement quitté l'avant veille à Paris.

Pour donner plus de vue au dehors que n'en permettent les mœurs des croyants on a augmenté le nombre des ouvertures, mais en leur gardant la forme carrée consacrée et les barreaux de fer obligatoires. Dans l'une des pièces, une grande baie, nouvellement percée, a l'apparence et les ornements de bois des moucharabis.

Et cela prend une allure de sanctuaire; les appartements ne peuvent plus s'appeler des noms qu'on leur donne en Europe; les mots salon ou salle à manger concordent mal avec ce recueillement, ces arabesques gravées dans la pierre des ogives, les devises sacrées inscrites en lettres indéchiffrables sur les faïences bleues, cette odeur d'église qui descend des vieilles voûtes, et ce parfum de la nature algérienne pleine d'arômes semblables à ceux des temples.

L'endroit où elle dormait est resté ce qu'il était le jour de sa mort. Son portrait y sourit au milieu des choses touchées par elle pour la dernière fois, et, comme un goût unique en a choisi l'arrangement, il y règne l'harmonie spéciale qui résulte non d'une recherche ou d'une formule, mais d'une personnalité.

Sa volonté à elle qui n'avait pas laissé profaner l'architecture était aussi qu'on ne mutilât pas les arbres. Elle exigeait qu'on permît aux branches de croître suivant la richesse des sucs trouvés par les racines dans le sol, non pas au hasard ainsi qu'on se figure, mais d'après les lois cachées aux savants et qu'il faut respecter parce qu'elles sont la cause du charme propre à chaque climat.

Aussi poussent-ils d'énormes jets en plein azur, ces arbres grandis librement, et ils semblent vivre d'une vie animale avec leurs formes extraordinaires qui leur donnent une véritable physionomie.

Pendant la nuit, on entend, des terrasses blanches, leur frisson faire une basse grave au concert strident des insectes nés au soleil et, de temps à autre l'aboiement plaintif du chacal rappelle l'exil en ajoutant à ces voix une note lugubre.

Je suis venu souvent depuis revoir l'allée de mûriers, la maison, le bois, j'ai entendu souvent les mêmes bruits et j'ai chaque fois été poursuivi d'une obsession étrange. Cette assemblage d'éléments divers, cette combinaison du passé et du moderne, ce ciel et ce vallon formaient un tout qui était évidemment une personne. Il était impossible qu'il n'y eut pas un lien entre ces éléments, une puissance occulte dont chaque partie du domaine serait une manifestation.

Et maintenant, le cimetière où elle repose !

Cela n'a rien de commun avec ce que nous appelons un cimetière dans nos pays civilisés. C'est très loin du village, au milieu des champs, sans enclos, un bois isolé plein de fleurs !

A cette époque-là de l'année, de grands pélargoniums, l'exagération de nos fleurs de jardin, y poussaient parmi les ronces sauvages, trouvant assez de soleil, dans les enchevêtrements d'une nature folle, pour que leur couleur soit éclatante.

Et pourtant l'ombre est assez dense pour que les fougères et les mousses de nos forêts y apparaissent.

Près de ce bois sacré j'ai remarqué pour la première fois la grande tige aux épis mauves et fleuris de l'asphodèle, la plante sauvage et élégante du littoral rencontrée si souvent depuis.

Sur une élévation du terrain la tombe semble un autel; c'est une dalle inclinée de marbre blanc où son nom seul est gravé, sans phrases, ni devise, ni emblème. La grille de fer qui l'entoure est déjà garnie de lierre aux larges feuilles et, de chaque côté parmi les arbres du pays, se dressent deux grands eucalyptus droits.

Leurs longues feuilles dures se froissent continuellement, quelque douce que soit la brise. Lorsqu'il y a peu de vent leur murmure ressemble à ce que chantent nos peupliers de France; c'est un cliquetis effrayant quand souffle la tempête.

A cette chanson éternelle et toujours variée, sous cette nuit de feuillages et ces grandes tiges fleuries, Madame X... repose pour toujours; et je me rappelle le sourire sévère et les grands yeux entrevus.

Mais ce que j'avais ressenti, à l'aspect de ce qui a été sa demeure, de cette petite patrie qu'elle s'était faite, d'autres ont dû l'éprouver près de sa tombe. L'idée leur est venue aussi d'une conscience épandue commune à tout, l'idée du surhumain ou du divin... que le Dieu soit Pan, ou quelque génie du paganisme, ou l'âme flottante d'une femme exquise.

Sans cela, son fils qui professe le doute et ne salue pas les autres morts, aurait-il formé le vœu d'être couché, lui aussi, plus tard, parmi les parfums d'encens et les frissons qui ont une voix, pour y mieux dormir, comme s'il croyait à une autre existence, ou à un réveil.

Henry Bouché.

Birkadem, avril 1887.